Bibliografische Information der Deutschen Nationalbibliothek: Die Deutsche Nationalbibliothek verzeichnet diese Publikation in der Deutschen Nationalbibliografie; detaillierte bibliografische Daten sind im Internet über dnb.dnb.de abrufbar.

Copyright: © 2016 Recipes & more
Maria Irini Kremmida & Perry John Martins Lopes | www.recipesandmore.de

Gestaltung, Satz & Herstellung:
Maria Irini Kremmida & Perry John Martins Lopes

Rezeptkreation und -bilder:

Recipes & more	www.recipesandmore.de
Frau B. und die Leidenschaft	www.fraubpunkt.de
SomeGreenLife	www.somegreenlife.com/en
Bärnd	www.bärnd.de
Gernekochen	www.gernekochen.de
Anisas leichte Küche	www.anisasleichtekueche.de
NINAmanie	www.ninamanie.blogspot.de
Herr Rüger kocht	www.herr-rueger.de
mealy	www.mealy-app.com/blog
Rock the Taste	www.rockthetaste.de
Hase im Glück	www.haseimglueck.de
Die Jungs kochen und backen	www.diejungskochenundbacken.de
voll gut & gut voll	www.vollgut-gutvoll.de
What makes me happy	www.whatmakesmehappy.de
verzuckert	www.verzuckert-blog.de
MakeItSweet	www.makeitsweet.de
Gaumenfreundin	www.gaumenfreundin.de
lovely.li	www.lovely.li
JENNY BACKT	www.jennybackt.de

Herstellung und Verlag:
BoD – Books on Demand, Norderstedt

ISBN: 978-3-7412-9414-3

Bilderrechte liegen bei:
Recipes & more (Cover & S.15), FrischeParadies (S.10), Frau B. und die Leidenschaft (S.17), SomeGreenLife (S.19), Bärnd (S.21), Gernekochen.de (S.23), Anisas leichte Küche (S.25), NINAmanie (S.27), Herr Rüger kocht (S.29), mealy (S.31), Rock the Taste (S.33), Hase im Glück (S.37), Die Jungs kochen und backen (S.39), voll gut & gut voll (S.41), What makes me happy (S.43), verzuckert (S.45), MakeItSweet (S.47), Gaumenfreundin (S.49), lovely.li (S.51), JENNY BACKT (S.53), freepik.com (S.13, 35)

VORWORT

Nachdem wir in der ersten Ausgabe Rezepte und Wissenswertes rund um den Kürbis veröffentlicht haben, dreht sich nun alles um die exotische Mango.

Mangos sehen nicht nur gut aus, sondern schmecken und sind gesund. Aus ihr kann man nämlich viele leckere Gerichte und Desserts zaubern.

Die besten Rezepte haben wir, zusammen mit 18 weiteren tollen Foodbloggern, für dich in dieses Magazin gepackt. Zudem haben wir ein sehr informatives Interview mit dem FrischeParadies, Deutschlands größtem Spezialmarkt und Lieferant für feinste Lebensmittel.

Auch mit diesem Magazin möchten wir zeigen, dass Foodblogger toll zusammenarbeiten können und damit Wundervolles erschaffen.

Wir möchten uns beim FrischeParadies, allen teilnehmenden Foodbloggern und Lesern bedanken.

Viel Spaß beim Durchstöbern, Lesen und Nachmachen.

INHALT

Mango-Fakten	6
Mangointerview mit dem FrischeParadies	10

Herzhafte Rezepte

Leckere Mango-Chicken-Wraps	14
Mango Lachs Ceviche	16
Süßkartoffelbällchen mit Mango-Sauce	18
Kürbis-Burger mit Mango-Mayo	20
Garnelen mit Mangosalat	22
Lachs mit Erdbeer-Mango-Salsa	24
Mango-Blaubeer-Chutney	26
Mangosalat mit Satay vom Flank Steak	28
Fruchtige Tomaten-Mango-Suppe	30
Mango Chutney mit Chili & Minze	32

Süße Rezepte

Vegane Mango Kokos Tarte	36
Mango-Frischkäse-Torte	38
Mango Popsicles mit rotem Pfeffer	40
Mango-Kokos-Nicecream	42
Mango-Maracuja-Dessert mit Schokolade	44
Mango-Quark-Schichtdessert	46
Mango-Bananen-Sorbet	48
Brandteigkapferl mit Mango-Mascarpone	50
Schichtmarmelade mit Mango-Kiwi	52

Einheiten umrechnen	53

MANGO-FAKTEN

Alle Fakten auf einem Blick: Zum Thema Gesundheit, Sorten und vieles mehr.

🍴 GESCHMACK

Die Frucht schmeckt süßlich frisch und verbreitet einen süß-aromatischen Duft. Das reife Mango-Fruchtfleisch ist weich und sehr saftig. Es hat eine orangene Farbe und ist faserig bis weich.

📦 AUFBEWAHRUNG

Mangos sollte man am besten bei 8 bis 10°C lagern, allerdings nicht im Kühlschrank. Ist die Mango reif, gibt sie bei leichtem Fingerdruck nach.

⭐ VERFÜGBARKEIT

Da Mangos auf verschiedenen Kontinenten und in verschiedenen Sorten angebaut werden, sind sie für uns das ganze Jahr frisch erhältlich.

Jan	Feb	März	Apr	Mai	Jun	Jul	Aug	Sep	Okt	Nov	Dez
✓	✓	✓	✓	✓	✓	✓	✓	✓	✓	✓	✓

🌿 SORTENVIELFALT

Weltweit gibt es ca. 3.000 bekannte Mango-Sorten. Davon 1.000 alleine in Indien. Für den Handel sind jedoch 30 Sorten von Bedeutung.

Die Gängisten sind allerdings:
(Quelle: www.gartenjournal.net & www.edeka.de)

Kent: Aus Kalifornien, große runde Frucht, dunkelrote Schale mit wenig gelb, sehr süßes saftiges Fruchtfleisch, kleiner Kern

Keitt: Süßer voller Geschmack

Nam Dok Mai: Sehr süß

Manila Super Mango: Angeblich süßeste Mango der Welt

Haden: Die am Häufigsten angebaute Mangosorte der Welt, ovale Frucht, sattgelbe Schale mit scharlachrotem Überlauf, sonnengelbes aromatisches und leicht faseriges Fruchtfleisch

King: Mild-süß, würzig

Flugmango: Statt mit dem Schiff wird die Frucht mit dem Flugzeug aus dem Erzeugerland importiert. Durch den kurzen Transport muss die Mango nicht unreif geerntet werden. Stattdessen kann sie volle drei Monate am Baum reifen und entwickelt so ein besonders intensives Aroma.

Anzeige

RECIPES & MORE
PRAKTISCH ALS APP!

Hol dir den Ludwigsburger Foodblog mit seinen über 200 Rezepten auf dein Android-Smartphone.

IMMUNSYSTEM

Mango enthält viel Beta-Carotin, Dieser Wirkstoff hilft bei der Verbesserung unseres Immunsystems.

AUGEN

Beta-Carotin ist nicht nur gut für unser Immunsystem, sondern ist auch gut für unsere Augen und die damit verbundene Sehkraft.

BLUTDRUCK

Mineralien wie Kalium und Magnesium helfen erhöhten Blutdruck zu senken. Diese sind in der Mango reichlich enthalten.

CHOLESTERIN

Mangos enthalten sehr viel Pektin. Dieser spezielle Ballaststoff ist dafür bekannt, die Cholesterinwerte im Blut zu reduzieren.

VERDAUUNG

Die Mango enthält viele Ballaststoffe sowie Verdauungsenzyme, welche die Verdauung fördern und regulieren.

BLUTARMUT

Bei einer Blutarmut ist Eisen für den Körper sehr wichtig. Die Mango schafft Abhilfe, da sie viel Eisen enthält.

VITAMINE IN MANGOS

Kurz und knapp: Alle Vitamine, die in der Mango stecken.

- Vitamin B1 0.045 mg
- Niacin 900 µg
- Vitamin B2 0.05 mg
- Carotin 1163 µg
- Vitamin B6 0.13 mg
- Retinol 194 µg
- Vitamin C 37.338 mg
- Biotin 2.1 µg
- Vitamin E 1 mg
- Folsäure 36 µg
- Pantothensäure 0.16 mg

VITAMINE IN DER MANGO

Quelle: http://www.vitamine.com/vitamintabelle/mango

JETZT MANGO-VITAMINE TANKEN!

Auf Recipes & more haben wir zwei leckere Mango-Rezepte, die deinem Körper diese Vitamine liefern. Einfach QR-Codes abscannen und nachkochen.

MANGO-INTERVIEW MIT DEM FRISCHEPARADIES

Das FrischeParadies ist Deutschlands größter Spezialmarkt und Lieferant für feinste Lebensmittel – ein Experte, wenn es um Qualität und Geschmack geht. Da Mangos auch zur Produktvielfalt gehören, haben wir fünf Fragen zum Exoten gestellt.

Woran erkennt man eine gute Mango?

FrischeParadies: Farbe, Festigkeit und Aroma sind gute Anhaltspunkte um die Qualität einer Mango zu bestimmen. Was die Farbe angeht ist es noch etwas schwierig, denn je nach Sorte kann eine reife Mango Grün, Gelb über Orange bis hin zu Rot oder Rotviolett gefärbt sein. Die Festigkeit wiederum gibt etwas mehr Aufschluss. Eine reife Frucht gibt auf Druck etwas nach. Und zuletzt das Aroma. Eine reife Mango riecht sehr intensiv.

Wie viele Mango Sorten gibt es und wie viele vertreiben Sie?

FrischeParadies: Weltweit gibt es ca. 3.000 bekannte Mango Sorten. Davon 1.000 alleine in Indien. Für den Handel sind jedoch lediglich 2 Dutzend von Bedeutung. Wir im FrischeParadies handeln mit den Sorten Kent, Palmar, Mahachanok und Nam Dok.

Wie bzw. wo wachsen Mangos und wie werden diese geerntet?

FrischeParadies: Man unterscheidet zwischen indischen, ostasiatischen-, westindischen- und Florida Mangos. Für den Weltmarkt sind jedoch nur solche mit der Herkunft Mittel- und Südamerika sowie Afrika relevant. Mangos mit asiatischer Herkunft sind nur selten im Handel anzutreffen. Bei uns jedoch ganzjährig erhältlich. Die Ernte der Baumfrüchte erfolgt durch reine Handarbeit. Dabei stehen oder sitzen die Erntehelfer auf einem Anhänger und pflücken die Früchte. Für gutes Wachstum der Mangos ist zum einen das Klima während der Blütezeit und zum anderen die Beschaffenheit des Bodens verantwortlich.

Woher beziehen Sie Ihre Mangos?

FrischeParadies: Aus Brasilien, Peru, Mexico, Thailand, Elfenbeinküste, Kolumbien (andere Länder erfüllen unsere Standards nicht).

Was gibt es sonst noch Interessantes über die Mango zu berichten?

FrischeParadies: Auf den europäischen Markt gelangen ausschließlich die reifen Früchte, die wir hierzulande als Obst verzehren. In den asiatischen Ländern ist es jedoch üblich die Mango auch unreif als Gemüse zu verarbeiten. Zum Beispiel durch Garen. Die unreife Mango wird teilweise auch mit der Schale verzehrt. Wie bei uns ein grüner Apfel.

KURZPROFIL

„Frische ist mehr als ein Versprechen. Frische ist der respektvolle und von nachhaltigem Handeln geprägte Umgang mit Lebensmitteln."

Mit dieser Definition von Frische lebt ist Deutschlands größter Spezialmarkt und Lieferant für feinste Lebensmittel. Tritt man in eine Filliale ein, so hat man das Gefühl auf einem mediterranen Markt zu sein.

Maria & Perry durften sich selbst vom FrischeParadies überzeugen lassen, als sie bei der Neueröffnung der Stuttgarter Filliale dabei sein durften.

Standorte:
Berlin | Hamburg
Essen | Hürth/Köln
Frankfurt | Stuttgart
München | Innsbruck

www.frischeparadies.de

HERZ
haftes

Von wegen Mango gehört nur in ein Dessert: Mit der tropischen Frucht kann man wunderbare herzhafte Gerichte zubereiten, die jeden Esser begeistern. Die Kombination aus fruchtig und herzhaft sorgt regelrecht für eine Geschmacksexplosion.

LECKERE MANGO-CHICKEN-WRAPS

🍴 2 Portionen | 🕐 45 Minuten

ZUTATENLISTE

200 g Hähnchenbrustfilet
1/2 rote Zwiebel
2 EL Olivenöl
1/4 TL Kurkuma
1 Knoblauchzehe
etwas Salz
1 Mango
halbe Limette
1 Karotte
2 Tortillafladen
4 Salatblätter
100 g Schmand

Mango schälen und in ca. 1 cm große Würfel schneiden.

Anschließend die Karotten grob raspeln. In einer Schüssel die geraspelten Karotten, 3/4 der Mango und Limettensaft vermischen – der restliche Teil der Mango wird später benötigt.

Hähnchenbrustfilet in Streifen schneiden und etwas salzen. Knoblauch und Zwiebel fein hacken.

In einer Pfanne, bei mittlerer Hitze, die Zwiebel-Knoblauchwürfel mit Olivenöl und Kurkuma anbraten. Anschließend die Hähnchenbrust-Streifen in die Pfanne geben und einige Minuten mit anbraten.

Schließlich kann der Inhalt der Schüssel mit in die Pfanne gegeben werden – das Ganze ein wenig köcheln lassen.

Währenddessen in einem Mixer den Schmand mit den restlichen Mangostücken pürieren.

Salatblätter waschen, Tortillafladen in der Pfanne, Mikrowelle oder im Backofen erwärmen.

Tortillafladen mit dem Mango-Schmand bestreichen, anschließend mit Salat belegen und etwas vom Pfanneninhalt darüber geben. Oben und unten die Tortilla einschlagen und zu einem Wrap aufrollen.

Recipes & more
www.recipesandmore.de

Maria & Perry | 24 Jahre alt | Marketing & Maschinenbau | seit 2009 ein Paar | Tamm (Ludwigsburg). Wir lieben gutes und gesundes Essen und wollen dich ebenfalls dafür begeistern. Doch das ist nicht alles: Wir informieren dich über wissenswerte Themen, Tipps und Tricks rund um das Thema Ernährung und vieles mehr.

MANGO LACHS CEVICHE

🍴 4 Portionen | ⏲ 60 Minuten

ZUTATENLISTE

500 g sehr frischer Lachs (Sushi Qualität)

1 reife Mango

1 Bund Koriander

1 rote Zwiebel

2 Limetten (den Saft)

1 TL geröstetes Sesamöl

2 EL Sojasoße

Salz

Pfeffer

Chilli, wenn gewünscht

Den Lachs und die Mango in kleine Würfel schneiden.

Rote Zwiebel würfeln, zum Fisch und der Mango geben.

Limettensaft und restliche Zutaten (bis auf den Koriander) untermengen.

30 Minuten gar ziehen lassen (durch den Limetten- oder auch Zitronensaft wird das Eiweiß verändert.

Es Denatutiert. Nicht nur Säure verändert die Eiweißstruktur, viel bekannter ist die Denaturierung durch Hitze: Das beste Beispiel ist das gekochte oder gebratene Ei)

Koriander hacken und untermischen. Noch einmal 15 Minuten ruhen lassen.

Frau B. und die Leidenschaft
www.fraubpunkt.de

In meiner Welt gibt es kitzelnd leckeren Gaumengenuss, gewobene Worte, versponnene Geschichten. An der Optik der Fotos feile ich noch, sie werden stetig besser, schmecken aber bei weitem nicht so gut, wie die Gerichte,... :-) Ihr findet hier was zu Lachen, Nachdenkliches, Leises und sehr Lautes,...

SÜSSKARTOFFELBÄLLCHEN MIT MANGO-SAUCE

🍴 2 Portionen | 🕐 40 Minuten

ZUTATENLISTE

Süßkartoffelbällchen:

400 g Süßkartoffeln

1 Zwiebel

1 EL Olivenöl

2 EL Speisestärke

3 EL Haferflocken (zart)

½ TL Paprikapulver

¼ TL Majoran (getrocknet)

¼ TL Thymian (getrocknet)

¼ TL Basilikum (getrocknet)

Mango-Sauce:

2 Frühlingszwiebeln

1 Mango

1 cm Ingwer

etwas Öl

250 ml Gemüsebrühe

400 ml Kokosmilch

Salz und Pfeffer

½ TL Curry Pulver

Süßkartoffeln schälen, in kleine Stücke schneiden und in etwas Wasser garkochen. Zwiebeln schälen und ganz fein hacken. Möglichst mit einer Küchenmaschine. Öl in einer Pfanne erhitzen und Zwiebel darin glasig dünsten.

Den Backofen auf 180 Grad Umluft vorheizen.

Die garen Süßkartoffeln mit einem Kartoffelstampfer zerdrücken. Zwiebeln, Speisestärke, Haferflocken, Kräuter und Paprikapulver mit den Süßkartoffeln vermischen. Mit Salz und Pfeffer würzen.

Kleine Bällchen aus der Mischung formen. Ein Backblech mit Backpapier auslegen und darauf die Bällchen verteilen. Im vorgeheizten Backofen etwa 20 Minuten backen. Zwischendurch die Süßkartoffelbällchen wenden.

Frühlingszwiebeln waschen und in feine Ringe schneiden. Mango schälen, das Fruchtfleisch vom Kern lösen und in Würfel schneiden. Ingwer schälen und fein reiben.

Öl in einer Pfanne erhitzen und Frühlingszwiebel, Mango und Ingwer darin andünsten. Mit Gemüsebrühe ablöschen. Kokosmilch hinzufügen und kurz aufkochen lassen. Auf mittlerer Stufe etwa 10 – 15 Minuten köcheln lassen.

Sauce pürieren. Mit Salz, Pfeffer und Curry abschmecken und nochmal kurz aufkochen lassen. Süßkartoffelbällchen auf zwei Teller verteilen und dazu die Mango-Sauce reichen.

SomeGreenLife
www.somegreenlife.com/en

Auf meinem Blog SomeGreenLIfe teile ich meine Leidenschaft für leckeres, gesundes, veganes Essen. Die Rezepte sind einfach und schnell zubereitet.

KÜRBIS-BURGER MIT MANGO-MAYO

🍴 8 Burger | ⏱ 50 Minuten

ZUTATENLISTE

Bratlinge:

180 g Hokkaido-Kürbiswürfel

50 g rote Linsen

2 Schalotten, fein gewürfelt

1 EL Olivenöl

2 Zweige Minze, fein gehackt

3 EL Speisestärke

5 EL Weizenvollkornmehl

je ca. 1/4 TL Kurkuma, Kreuzkümmel, gemahlener Koriander und Chiliflocken

Salz

Bratöl

Mango-Mayo & Tomatensoße:

1/2 Mango, grob gewürfelt

60 g vegane Mayo

1/4 TL Kurkuma & Chiliflocken

50 g passierte Tomaten

1 TL Agavendicksaft

1/4 TL getrockneter Oregano

Pfeffer

2 kleine Rote Bete, vorgekocht

2 Handvoll Rucola

8 Burgerbrötchen

Für die Bratlinge Kürbiswürfel mit Linsen in Topf mit Wasser bedecken und ca. 10 Minuten weich kochen. Abgießen und fein pürieren.

Schalotten in Pfanne mit Öl leicht bräunlich anbraten und zum Kürbispüree geben. Minze, Stärke und Mehl unterrühren. Mit Kurkuma, Kreuzkümmel, Koriander, Chili und Salz würzen.

Mit leicht angefeuchteten Händen 8 Bratlinge formen und in großer Pfanne mit heißem Öl ca. 3 Minuten von beiden Seiten goldbraun braten. Auf Küchenpapier abtropfen lassen. Eventuell im Ofen bei ca. 100 °C warm halten.

Für die Mayo Mangowürfel mit Mayo fein pürieren und mit Salz, Kurkuma und Chili abschmecken. Bis zum Einsatz kühl stellen. Für die Tomatensoße passierte Tomaten mit Agavendicksaft und Oregano verrühren. Mit Salz und Pfeffer abschmecken.

Rote Bete fein hobeln oder schneiden. Rucola ggf. grob zerrupfen. Brötchen aufschneiden, untere Hälften mit Tomatensoße bestreichen, mit Rucola belegen, Kürbisbratlinge darauf setzen, dick mit Mango-Mayo bestreichen, mit Rote-Bete-Scheiben belegen und obere Brötchenhälften darauf setzen. Genießen :)

Bärnd

www.baernd.de

Unsere Leidenschaften: Kochen, Essen, Fotografieren und Reisen – und darum geht es auch auf unserem Blog. Hier findet ihr ausschließlich vegane Rezepte und kleine Einblicke in unseren Alltag und unsere Reisen (derzeit mit Fokus auf Südostasien).

GARNELEN MIT MANGOSALAT

🍴 2 Portionen | ⏱ 15 Minuten

ZUTATENLISTE

6 Garnelen (entdarmt & geschält)
1 Mango
1 EL Himbeeressig
1 Schalotte
1/2 rote mittelgroße Chili
Sesam
Crema di Balsamico
1 EL Brauner Zucker
Butter
Salz
Pfeffer

Die Mango und Schalotte schälen, Mangofleisch in kleine Stücke schneiden und die 1/2 Schalotte fein würfeln.

Nun die Chili ebenfalls in feine Stücke schneiden und alles zusammen mit dem Himbeeressig, braunen Zucker in eine Schale geben und mit Salz und Pfeffer abschmecken.

Garnelen unter kaltem Wasser abspülen und danach mit einem Papiertuch trocken tupfen.

Als nächstes ein wenig Butter in einer kleinen Pfanne bei 3/4 der Hitze zergehen lassen.

Sobald die Butter heiß ist die Garnelen dazu und auf jeder Seite knapp 2 Minuten braten und dabei auf die Hitze achten, die Butter darf nicht zu heiß werden.

Zuletzt gebt ihr dann den Mangosalat in eine kleine Schale, Garnele(n) drauf... einen Spritzer Crema di Balsamico, Salz und den Sesam auf die Garnele... fertig!

Wer mag kann den Sesam auch anrösten.

Als Vorspeise reicht das ganze für 2 Personen und als Einstieg in ein mehrgängiges Menü sogar für 6 Personen.

Gernekochen
www.gernekochen.de

Als wir uns kennenlernten, entdeckten wir relativ schnell unsere gemeinsame Leidenschaft: Das Kochen! Wir lieben es zusammen in der Küche zu stehen, zu Brutzeln, Backen oder Kochen, kreativ zu sein, neue Rezepte zu entwickeln. Aus dieser Passion entstand im Februar 2014 unser Blog gernekochen.de.

LACHS MIT ERDBEER-MANGO-SALSA

🍴 2 Portionen | 🕐 30 Minuten

ZUTATENLISTE

1 TL Kokosfett
250 g Lachs
Zitronensaft
Pfeffer
Salz
250 g Erdbeeren
1 Mango
12 Kirschtomaten
1 Frühlingszwiebel
2 El Olivenöl
2 EL Essig
Basilikum

Den Backofen auf 150° Grad Umluft vorheizen. Den Lachs waschen und trocken tupfen. Anschließend mit Zitronensaft, Pfeffer und Salz marinieren.

In einer Pfanne Kokosfett erhitzen. Den Lachs von beiden Seiten gut anbraten. Hinterher für ca. 15 min. in den Backofen geben.

Die Erdbeeren, Mango, Kirschtomaten und Frühlingszwiebeln klein schneiden und verrühren.

Für das Dressing Olivenöl, Essig, Basilikum, Salz und Pfeffer mischen und über die Salsa geben.

Den Lachs mit der Salsa anrichten.

Anisas leichte Küche
www.anisasleichtekueche.de

Auf Anisas leichte Küche dreht sich alles um leckere und gesunde Rezepte die von Herzen kommen, es werden drei mal die Woche neue Rezepte veröffentlicht aus allen Bereichen, ob herzhaft oder süß es ist alles mögliche dabei. Die Hauptsache ist es schmeckt und es ist gesund.

MANGO-BLAUBEER-CHUTNEY

4 Gläser | 45 Minuten

ZUTATENLISTE

1 reife Mango
250 g Blaubeeren
1 rote Zwiebel
ca. 2 cm Ingwer
1 1/2 TL Senfsaat
1 EL rote Pfefferkörner
1 TL Kurkuma
2 EL Olivenöl
250 g Rohrzucker
3 EL Weißweinessig

Schält die Zwiebel und den Ingwer und schneidet beides in Würfel.

Auch die Mango schält und schneidet ihr in Stücke.

Lasst das Olivenöl in einem großen, hohen Topf heiß werden und gebt dann die Senfkörner hinzu. Vorsicht, wenn die heiß werden, hüpfen sie durch die Gegend. Also schnell die Zwiebel-Ingwer-Mischung dazu geben.

Alles glasig anbraten, dann gebt ihr den Kurkuma und dann auch gleich das Obst dazu. Lasst die Masse köcheln, bis die Früchte zerfallen. Wenn euch die Stückchen zu groß sind, geht einfach kurz mit dem Pürierstab durch.

Danach gebt ihr die Pfefferkörner dazu - die sehen so schön aus, wäre schade, wenn ihr sie pürieren würdet.

Gebt dann den Zucker hinzu, lasst die Masse sprudelnd aufkochen. Schmeckt dann mit Essig ab und lasst das Chutney köcheln, bis es eure gewünschte Konsistenz hat.

Ist die Farbe nicht grandios?

Nun in saubere, am besten ausgekochte, Gläser oder Fläschchen abfüllen und für ca. 5 Minuten auf den Kopf stellen.

NINAmanie
www.ninamanie.blogspot.de

NINAmanie ist ein Blog für alle GenussMenschen. Für alle SeelenBaumler und SehnSuchtsSucher, DauerDenker und GaumenSchmäußler, ErmuTiger und MelanchOliker, WiesenTänzer und FreudenTaumler, TagTräumer und NachtEulen! Die Rezepte sind lecker, aber nicht zu aufwendig - meist regional und saisonal.

MANGOSALAT MIT SATAY VOM FLANK STEAK

🍴 4 Portionen | 🕐 30 Minuten (zzgl. 2h Marinierzeit)

ZUTATENLISTE

600 g Flank Steak
2 Mangos
1 Limette
1 Bund Koriander
2 Stiele Zitronengras (nur den weißen Teil)
2 rote Zwiebeln
5 Knoblauchzehen
4 Thaichilis
100 ml Gemüsebrühe
3 EL Nam Pla
6 EL braunen Zucker
4 EL Olivenöl
2 TL Ingwerpulver
1 TL gemahlene Koriandersaat
2 EL Erdnussbutter
3 EL warmes Wasser
1 EL süße Sojasoße
1 EL Tamarindenpaste
Salz

Fleisch:
Das Flank Steak parieren und quer zur Faser in ca. 5 mm dicke Scheiben schneiden. Nun das Zitronengras, zwei Knoblauchzehen, eine rote Zwiebel, drei EL Olivenöl, zwei TL Ingwerpulver, ein TL gemahlene Koriandersaat, eine Chilischote, zwei EL Zucker und etwas Salz ggf. schälen, entkernen und grob hacken bevor sie in einer Moulinette zu einer sämigen Paste püriert werden.

Mit der so hergestellten Paste das Fleisch einreiben und für ca. 2h im Kühlschrank marinieren. Die marinierten Fleischscheiben auf halbierte Zitronengrashalme oder Holzspieße stecken und anbraten.

Satay-Soße:
Für die Satay-Soße zwei EL Erdnussbutter, drei EL warmes Wasser, einen EL süße Sojasoße, zwei EL Zucker, ein EL Olivenöl, ein EL Tamarindenpaste und etwas Salz in eine Schüssel geben und leicht erwärmen.

Die Soße mit einem Schneebesen aufschlagen, bis sich die Erdnussbutter vollständig aufgelöst hat.

Mangosalat. Für den thailändischen Mangosalat zuerst das Fruchtfleisch der Mango vom Kern lösen, die Schale entfernen und es dann in grobe Würfel schneiden.

Die zweite Zwiebel und die restlichen drei Knoblauchzehen schälen und zusammen mit zwei bis drei Chilischoten fein hacken.

Nun die kleingehackten Zutaten in einer Pfanne mit etwas Öl und 2 EL Zucker anschwitzen, mit Gemüsebrühe und Nam Pla ablöschen und etwas einkochen lassen. Den Koriander waschen, hacken und mit der Soße zur Mango geben.

Herr Rüger kocht.
www.herr-rueger.de

Kennen Sie Herr Rüger? Nein? Dann lassen Sie mich doch kurz von ihm erzählen: Herr Rüger ist ein begeisterter Hobbykoch und entschied sich 2014 dazu, seine kulinarischen Erfahrungen auf „Herr Rüger kocht." zu veröffentlichen. Wollen Sie mehr über Herr Rüger erfahren? Dann besuchen Sie ihn doch einfach!

FRUCHTIGE TOMATEN-MANGO-SUPPE

🍴 4 Portionen | ⏱ 30 Minuten

ZUTATENLISTE

1 Mango (reif)

8 Tomaten

150 Gramm Tomaten, getrocknet, in Öl eingelegt

2 Zwiebeln

3 Teelöffel Gemüsebrühe

300 Milliliter Wasser

Salz

Pfeffer

Thymian, getrocknet

Zucker

200 Gramm Crème fraîche

1/2 Zitrone, unbehandelt

Olivenöl

Mango schälen und vom Kern befreien. Anschließend in grobe Würfel schneiden. Tomaten auch in grobe Würfel schneiden und vom Strunk befreien. Getrocknete Tomaten aus dem Öl nehmen und in kleine Würfel schneiden. Zwiebel pellen und auch in Würfel schneiden.

Etwas Tomaten-Öl - alternativ kann auch Olivenöl verwendet werden - in einen Topf geben und die Zwiebeln darin ca. 3 min anbraten. Anschließend Tomaten- und Mango-Würfel hinzugeben und weitere 5 min anschwitzen.

Wasser, gekörnte Brühe, etwas Salz, Pfeffer, Thymian und Zucker hinzugeben. Alles weitere 5 min köcheln lassen. Dann alles mit dem Pürierstab pürieren und mit Salz, Pfeffer und Thymian abschmecken.

Crème fraîche in eine Schüssel geben. Schale der unbehandelten Zitrone fein abreiben und zur Crème fraîche geben. Das ganze mit Salz, Pfeffer und Thymian würzen.

Tomaten-Mango-Suppe in einem Suppenteller mit etwas Crème fraîche und etwas Olivenöl anrichten.

Der getrocknete Thymian kann natürlich auch gerne durch frischen Thymian ersetzt werden.

mealy
www.mealy-app.com/blog

Hier bloggt das kochbegeisterte Team der mealy-App - eine Koch-App für Food-Blogger-Rezepte. Ob köstliche Rezepte, raffinierte Menü-Vorschläge, Interviews mit tollen Food-Bloggern oder andere kulinarische Themen - auf dem mealy-Blog ist für jeden was dabei. Schau doch mal vorbei und lass Dich inspirieren!

MANGO CHUTNEY MIT CHILI & MINZE

🍴 4 Portionen | ⏱ 30 Minuten

ZUTATENLISTE

1 Mango
1/2 Zwiebel
Chili nach belieben
10 Blätter Minze
1 unbehandelte Limette
evtl. braunen Rohrzucker

Die Mango von der Schale und den Kernen befreien.

Chili und Minzblätter in ganz feine Fäden Schneiden.

Die Zwiebel in feine Streifen schneiden, die Limettenschale abraspeln und den Saft auspressen.

Je nach Reifegrad der Mango kann man noch etwas braunen Rohrzucker hinzugeben.

Die Zwiebeln in etwas Zucker karamellisieren.

Die restlichen Zutaten in den Topf geben und ca. 15 Minuten kochen.

Heiß in saubere Gläser füllen und fest verschließen.

Gut verschlossen hält sich das Chutney einige Wochen im Kühlschrank.

Wer es länger konservieren möchte, sollte etwas mehr Zucker hinzugeben. Dann ist das Chutney genauso lange haltbar wie Marmelade.

Rock the Taste
www.rockthetaste.de

Rock the Taste, der Name ist hier Programm. Auf dem Stuttgarter Foodblog wird wirklich jeder fündig. Ob Fleischliebhaber oder Vegetarier, der Geschmack rockt immer.

SÜSS
verführt

Die Kombination aus süß und fruchtig passt immer: Ob als Torte, Marmelade, Eis oder andere leckere Naschereien. Lasse dich süß verführen von den kommenden süßen Mangorezepten..

VEGANE MANGO KOKOS TARTE

🍴 1 Tarteform (28 cm) | ⏱ 90 Minuten

ZUTATENLISTE

Tarteboden:

50 g Kokosraspeln

250 g Mandeln, gemahlen

2 El Kokosöl

2 El Ahornsirup

1 Prise Salz

Füllung & Belag:

2 Dosen Kokosmilch

4 El Ahornsirup

3 St Mangos

Den Backofen auf 180 Grad Ober-/ Unterhitze vorheizen.
Die Kokosraspeln und die gemahlenen Mandeln im Zerkleinerer mischen. Das Kokosöl in einem Topf schmelzen.

Kokosraspeln, Mandeln, Kokosöl, Ahornsirup und Salz zu einem Teig mischen. Die Tarteform mit etwas Kokosöl einölen und den Teig mit den Fingern in der Form und an den Rändern verteilen.

Die Tarteform im vorgeheizten Backofen ca. 15 Minuten backen. Anschließend den Boden komplett auskühlen lassen.

Die beiden Dosen Kokosmilchdosen vorsichtig öffnen und den festen Teil abschöpfen (am besten die Dosen über Nacht im Kühlschrank lagern und unten öffnen).

Den festen Kokosanteil und den Ahornsirup mit den Rührbesen des Handrührgerätes wie Schlagsahne so lange schlagen, bis die Masse steif wird. Die Masse auf den ausgekühlten Tarteboden verteilen.

Die Mangos mit dem Sparschäler schälen, das Fruchtfleisch um den Kern herum entfernen und in schmale Streifen schneiden. Die Scheiben von außen nach innen in die Kokosmasse stecken und das Stück in der Mitte aufrollen. Die Tarte im Kühlschrank aufbewahren.

Hase im Glück

www.haseimglueck.de

Auf meinem Blog dreht sich alles um Food und das, was mich glücklich macht. Ich rühre, schnibbel, backe, brutzle, experimentiere, dekoriere und fotografiere mit viel Liebe und Herzblut und bette meine fertigen Rezepte in (zuweilen selbstironische) Geschichten ein.

MANGO-FRISCHKÄSETORTE

🍴 12-16 Portionen | 🕐 120 Minuten

ZUTATENLISTE

Tortenboden:

200 g Zucker

5 Eier (M)

1 Zitrone (Abrieb davon)

200 g Weizenmehl Type 405

50 g Speisestärke

2 Msp. Backpulver

80 g Butter

Für die Creme:

600 g Frischkäse

200 g feinster Zucker

1 Pckg Vanillezucker

1 Zitrone (Saft davon)

2 Pckg Gelatine-Fix

300 g Sahne

1 Pck. Sahnesteif

2 Eiweiß (Eischnee)

Mangospiegel und -Füllung:

2 Mangos (Fleisch davon)

2 EL Gelatine-Fix

1 Mango in Scheiben geschnitten

Für die Deko:

300 g Sahne

1 1/2 Pckg Sahnesteif

2 TL Zucker

Tortenboden:
Schlagt die Eier mit dem Zucker über dem Wasserbad mit dem Handmixer warm und schaumig. Mit eurer Küchenmaschine oder Handmixer schlagt ihr nun die Masse in 10 Min. kalt, bis die Eimasse steht. Fügt dabei den Zitronenabrieb zu.

Unterdessen lasst die Butter schmelzen und stellt sie zur Seite. Verrührt in einer Schüssel das Mehl, Speisestärke und Backpulver und hebt die Mischung mit einem Rührlöffel vorsichtig unter. Genauso die Butter. Heizt euren Backofen auf 180°C vor und spannt ein Stück Backpapier in eure Springform.

Gebt den Teig hinein und streicht die Oberfläche glatt und backt den Boden für ca. 45 Minuten - macht aber auf jeden Fall die Stäbchenprobe!

Lasst den Kuchen auf einem Kuchengitter verkehrt herum auskühlen. Sobald er kalt ist, nehmt ihn aus der Springform und schneidet 2 etwa gleich große Böden daraus. Sollte der Boden oben etwas rund geraten sein, einfach gerade schneiden.

Creme:
In einer Schüssel vermischt ihr Frischkäse bis Zitronensaft miteinander und rührt den GelatineFix unter. Schlagt Sahne mit Sahnesteif in einer Schüssel und das Eiweiss in einer weiteren steif.

Hebt nun beides nacheinander unter die Frischkäsemasse und stellt sie kalt.

Mangospiegel:
Püriert das Fleisch der 2 Mangos zusammen mit dem Gelatine-Fix zu einem feinen Püree.

Deko und Feinschliff:
Bevor es an die Fertigstellung der Torte geht, schlagt ihr die Sahne mit Sahnesteif und Zucker auf und gebt etwa 2/3 davon in einen Spritzbeutel mit großer Sterntülle und den Rest in einen weiteren Beutel mit kleiner Sterntülle. Legt beide erst einmal in den Kühlschrank.

Nehmt nun den unteren Tortenboden und streicht 1/3 der Frischkäsecreme gleichmäßig darauf, belegt sie mit den Mangoscheiben und verstreicht ein weiteres Drittel der Creme darüber.

Legt den oberen Boden auf. Verstreicht mit dem 3. Teil der Creme die komplette Torte. Das Mangopüree verstreicht ihr als Spiegel darüber - dabei darf gerne etwas an den Seiten herunterlaufen.

Lasst den Spiegel im Kühlschrank fest werden und dekoriert zum Schluss eure Torte nach Belieben - ihr könnt aber auf den Fotos erkennen, wie wir es gemacht haben. Stellt die Torte für ein paar Stunden oder über Nacht im Kühlschrank kalt.

Die Jungs kochen und backen
www.diejungskochenundbacken.de

Wir, das Sind Sascha & Torsten aus Köln, lieben das Kochen und Backen. Essen in allen Formen ist einfach unsere große Leidenschaft. Diese mit anderen zu teilen, macht uns riesigen Spaß und motiviert uns jeden Tag aufs Neue …

MANGO POPSICLES MIT ROTEM PFEFFER

🍴 8 Portionen | 🕐 10Min + 4 Std.

ZUTATENLISTE

2 frische Mangos
3 TL roter Pfeffer
1 EL Zucker
2 Limetten
1 EL Wasser

Zunächst schält ihr die Mangos und schneidet das Fruchtfleisch heraus. Zusammen mit dem Saft der Limetten, dem roten Pfeffer, dem Wasser und dem Zucker gebt ihr nun alles in einen Mixer.

Mixt das Ganze ordentlich durch, sodass keine groben Pfefferkörnchen mehr zu sehen sind.

Anschließend füllt ihr die Masse in die Popsicle-Förmchen. Stiel noch rein und ab für ca. 4 Stunden in den Gefrierschrank.

Lasst es euch schmecken!

voll gut & gut voll
www.vollgut-gutvoll.de

Auf voll gut & gut voll dreht sich so einiges um frische Cocktails, kreatives Essen und fruchtige Smoothies. Die Rezepte sind kreativ, meist gesund und immer was für's Auge – denn das isst ja bekanntlich mit. Also schaut doch mal auf dem Food-& Drinkblog vorbei.

MANGO-KOKOS NICECREAM

🍴 2 Portionen | 🕐 15 Minuten

ZUTATENLISTE

Nicecream:
1 Stk. reife Banane
90g TK-Mango
250g Kokos-Joghurt

Topping:
Dinkel-Crunchy
Chia-Samen
Kokosraspeln

Am Vorabend eine reife Banane in kleine Stücke schneiden und anschließend eingefrieren.

Am nächsten Tag die Banane, die Tiefkühl-Mango und den Kokon-Joghurt in einen Mixer geben und solange zerkleinern bis eine cremige Masse entsteht.

Wer möchte kann auch griechischen Joghurt stattdessen verwenden.

Zum Schluss für das Topping Dinkel-Crunchy, Chia-Samen und ein paar Kokosraspeln darüben geben.

What makes me happy
www.whatmakesmehappy.de

Mein Name ist Steffi und ich bin immer auf der Suche nach den schönen Dingen des Lebens. Um diese geht es auch in meinem Blog „What makes me happy". Essen verbindet die Menschen und ich möchte gerne auch andere Menschen mit meiner Leidenschaft für das Backen und Kochen anstecken.

MANGO-MARACUJA-DESSERT MIT SCHOKOLADE

🍴 3 Portionen | ⏱ 20 Minuten

ZUTATENLISTE

250 g Naturjoghurt
30 g Zucker
1/2 TL Vanilleextrakt
200 ml Maracuja-Nektar
1 Pck. Vanillesoßenpulver (zum kalt anrühren)
1/2 Mango
Lieblingsschokolade

Joghurt, Zucker und Vanilleextrakt vermischen.

Maracuja-Nektar und Vanillesoßenpulver mit einem Schneebesen gut verrühren.

Die halbe Mango schälen und in kleine Stücke schneiden.

Die Mango-Stücke unter die Maracuja-Vanille-Soße mischen.

Die Schokolade in Stücke hacken.

Nun alles in Gläser schichten: Zuerst den Joghurt, dann die Schokoladenstücke und zum Schluss die Mango-Maracuja-Masse.

Vor dem Servieren mit einem Stück Schokolade garnieren.

verzuckert

www.verzuckert-blog.de

Auf meinem verzuckerten Blog dreht sich alles um die kleinen süßen Dinge des Lebens. Egal ob Cupcakes, Muffins, Desserts, Kuchen oder sonstiges Gebäck... hier findest du leckere und leicht nachzumachende Rezepte.

MANGO-QUARK-SCHICHTDESSERT

🍴 4 Gläser | ⏰ 30 Minuten Zubereitung + 1 Stunde kalt stellen

ZUTATENLISTE

1 reife Mango
100 g weiße Schokolade
6 EL Milch
250 g Quark (20% Fett)
100 g Sahne
etwas Minze

In einem kleinen Topf die Schokolade mit der Milch bei niedriger Stufe schmelzen und immer wieder umrühren.

Wenn sich die Schokolade komplett aufgelöst hat, den Topf vom Herd nehmen und abkühlen lassen.

Die Mango teilen und das Fruchtfleisch entfernen. Etwas Mango für die Dekoration beiseite legen und würfeln. Den Rest pürieren.

Die Sahne steif schlagen. Nun zuerst den Quark mit der Schokolade verrühren und danach die Sahne unterheben.

Jetzt kann abwechselnd der Quark und das Mangopüree in die Gläser geschichtet werden.

Zum Schluss noch mit ein paar Mangowürfeln und etwas Minze dekorieren.

Die Gläser abdecken und für mindestens eine Stunde kühl stellen, damit das Dessert fest wird.

MakeItSweet
www.makeitsweet.de

Auf meinem Blog gibt es viele leckere Rezepte zum Backen und Kochen. Dies sind einfach erklärt, so dass sie jeder zubereiten kann. Außerdem gibt es noch Küchengeheimnisse, Tipps und Tricks.

MANGO-BANANEN-SORBET

🍴 2 Portionen | 🕐 5 Minuten

ZUTATENLISTE

1 Mango, in Würfel, gefroren
1 Banane
100 g giechischer Joghurt
1 TL Ahornsirup oder Honig
optional ½ TL Vanilleextrakt

Die gefrorenen Mango-Würfel mit dem Joghurt, der Banane und dem Ahornsirup pürieren. Hierfür braucht ihr einen leistungsstarken Mixer.

Nun den Ahornsirup unterrühren und eiskalt genießen.

Wer die pure Frucht genießen möchte, kann auch den Joghurt und den Ahornsirup weglassen.

Gaumenfreundin
www.gaumenfreundin.de

Auf gaumenfreundin.de teile ich meine Lieblingsrezepte rund um die gesunde und schnelle Küche. Ich liebe Low Carb-Rezepte und experimentiere gerne mit Superfoods. Als Mutter weiß ich, das oft die Zeit fehlt, um lange in der Küche zu stehen. Daher sind meine Rezepte schnell und einfach in der Zubereitung.

BRANDTEIGKRAPFERL MIT MANGO-MASCARPONE

🍴 12-15 Stück | ⏱ 90 Minuten

ZUTATENLISTE

125 ml Milch
125 ml Wasser
100 Gramm Butter
eine Prise Salz
200 Gramm glattes Mehl
4 Eier
1 reife Mango
1 Packerl Sahnesteif
100 Gramm Schlagobers
1 Packerl Vanillezucker
250 Gramm Mascarpone
30 Gramm Zucker
etwas Staubzucker

Zu Beginn Milch, Wasser, Butter und Salz in einem Topf zum Kochen bringen. Sobald die Flüssigkeit kocht, das Mehl im Ganzen hineingeben, von der Platte nehmen und mit einem Holz-Kochlöffel so lange rühren bis ein grosser Klumpen entsteht.

Eines der vier Eier hineinschlagen und kräftig umrühren bis alles gut vermischt ist.

Nach weiteren 10 Minuten auskühlen die restlichen 3 Eier hinzumengen und alles zu einer homogenen Masse vermengen.

Das Backrohr auf 175 Grad Unter- Oberhitze vorheizen.

Den Teig in den Spritzsack füllen und auf einem mit Backpapier belegten Backblech mit der Sterntülle 10 (für richtig grosse Dinger) bis 15 (eher mundgerecht) Krapferl formen.
Bitte genug Abstand lassen, sie gehen etwas auf.

Nun kommen die Guten für 25 Minuten in den Backofen und danach bitte gut auskühlen lassen.

In der Zeit des Backens die Mango zerteilen und ein Viertel zu kleinen Stückchen schneiden, der Rest kommt in den Mixer (alternativ mit dem Pürierstab) und wird zu Mangocreme zerkleinert.

Sobald die Brandteigkrapferl ausgekühlt sind wird das Schlagobers mit dem Sahnesteif aufgeschlagen. In einer weiteren Schüssel die Mascarpone etwa mit zwei Dritteln der Mangocreme vermengen und den Vanillezucker und den Zucker hinzugeben. Anschliessend das geschlagene Schlagobers unterheben.

Ich habe absichtlich etwas weniger Zucker genommen, wer mag kann selbstverständlich mehr hinzu geben – einfach mal abschmecken.

Nun werden die gebackenen Teigstücke in der Hälfte geteilt und mit der zweiten Spritzbeutel wird die Mascarpone-Mangocreme auf die unteren Teile aufgespritzt. Anschliessend mit einem kleinen Löffel die pure Mangocreme darauf verteilen und mit den Mangostückchen belegen.

Deckel drauf und voila, die fruchtig süssen Brandteigkrapferl sind fertig!

Lasst es euch gut schmecken ihr lieben, eure Sophie

P.S.: Bitte seid vorsichtig wenn ihr die Krapferl in einem Tortenbehälter transportiert, nicht zu lange abdecken sonst werden sie ganz weich und bleiben nicht leicht knusprig ...

lovely.li
www.lovely.li

Auf lovely.li wird nicht vom Profi, Foodstylist oder Freizeitmagazin gekocht, nein, nein, hier steckt eine ganz normale Person dahinter. Auch ich mache nicht alles perfekt und ich finde das muss man auch nicht... Ich finde es zählt viel mehr die Liebe zum Essen und die Freude am Kochen.

SCHICHTMARMELADE MIT MANGO-KIWI

🍴 6 Gläser | ⏱ 120 Minuten

ZUTATENLISTE

Mango-Kiwi Marmelade:
340 g Mango
160 g gelbe Kiwi
250 g Gelierzucker Extra (oder Erdbeer Koniftüre)

Erdbeer-Hibiskus Marmelade:
500 g Erdbeeren (TK / frisch)
16-20 Hibiskusblüten getrocknet
250 g Gelierzucker Erdbeer Konfitüre

Brombeer-Johannisbeere Marmelade:
360 g Brombeeren (TK / frisch)
140 g schwarze Johannisbeeren (TK oder frisch)
250 g Gelierzucker Beeren Konfitüre

Mango-Kiwi Marmelade:
Die Mango schälen, vorm Kern befreien und in kleine Stücke schneiden. Die Kiwi ebenfalls. Alles mit dem Pürierstab oder Mixer pürieren/zerkleinern.

In einen großen Topf geben, Gelierzucker zugeben und gut verrühren.

Alles unter Rühren bei starker Hitze zum Kochen bringen und unter ständigem Rühren 4 min. sprudelnd kochen.

Die Marmelade evtl. abschäumen. Sofort zu einem Drittel in die vorbereiteten Gläser füllen und mind. 30 min. abkühlen lassen.

Erdbeer-Hibiskus Marmelade:
Gefrorene Erdbeeren komplett auftauen lassen, der entstehende Saft wird mitverwendet. Hibiskusblüten entweder im entstehenden Saft oder in pürierten Erdbeeren für mind. 1 Std. ziehen lassen.

Die Hibiskusblüten entfernen und die Erdbeeren mit dem Pürierstab pürieren. In einen großen Topf geben, Gelierzucker zugeben und gut verrühren.

Alles unter Rühren bei starker Hitze zum Kochen bringen und unter ständigem Rühren 3 min. sprudelnd kochen.

Die Marmelade evtl. abschäumen. Sofort zu einem weiteren Drittel in die vorbereiteten Gläser auf die Mango-Kiwi Marmelade füllen und mind. 30 min. abkühlen lassen.

Brombeer-Johannisbeere Marmelade:
Gefrorene Früchte komplett auftauen lassen, der entstehende Saft wird mitverwendet.

Die Brombeeren und schwarzen Johannisbeeren mit dem Pürierstab pürieren und in einen großen Topf geben. Gelierzucker zugeben und gut verrühren.

Alles unter Rühren bei starker Hitze zum Kochen bringen und unter ständigem Rühren 3 min. sprudelnd kochen.

Die Marmelade evtl. abschäumen. Sofort auf die Erdbeer-Hibiskus Marmelade verteilen bis die Gläser randvoll sind. Gläser mit Schraubdeckel verschließen und abkühlen lassen.

Die Marmeladengläser mit Schraubverschluss müssen gründlich gespült werden, damit die Marmelade auch lange hält. Um keimfreie Deckel zu erhalten, diese einfach für 5 min. in sprudelnd kochendem Wasser abkochen. Die Deckel müssen nicht abgetrocknet werden, sie können tropfnass auf die Gläser geschraubt werden.

JENNY BACKT
www.jennybackt.de

Auf meinem Blog verrate ich meine Rezepte und gebe Tipps & Tricks rund ums Backen. Schon seit meiner Kindheit liebe ich das Backen, so erblickten mittlerweile schon viele Cupcakes, Hochzeitstorten, Brownies u.v.m. das Licht meines Backofens. Meine Begeisterung fürs Backen möchte ich mit meinen Lesern teilen.

EINHEITEN UMRECHNEN

Überall auf der Welt wird nicht mit den selben Einheiten bei Rezepten gerechnet. Wir haben dir hier eine kleine Auflistung der gängigsten Einheiten und ihrer Umrechnung aufgestellt.

KURZE ÜBERSICHT

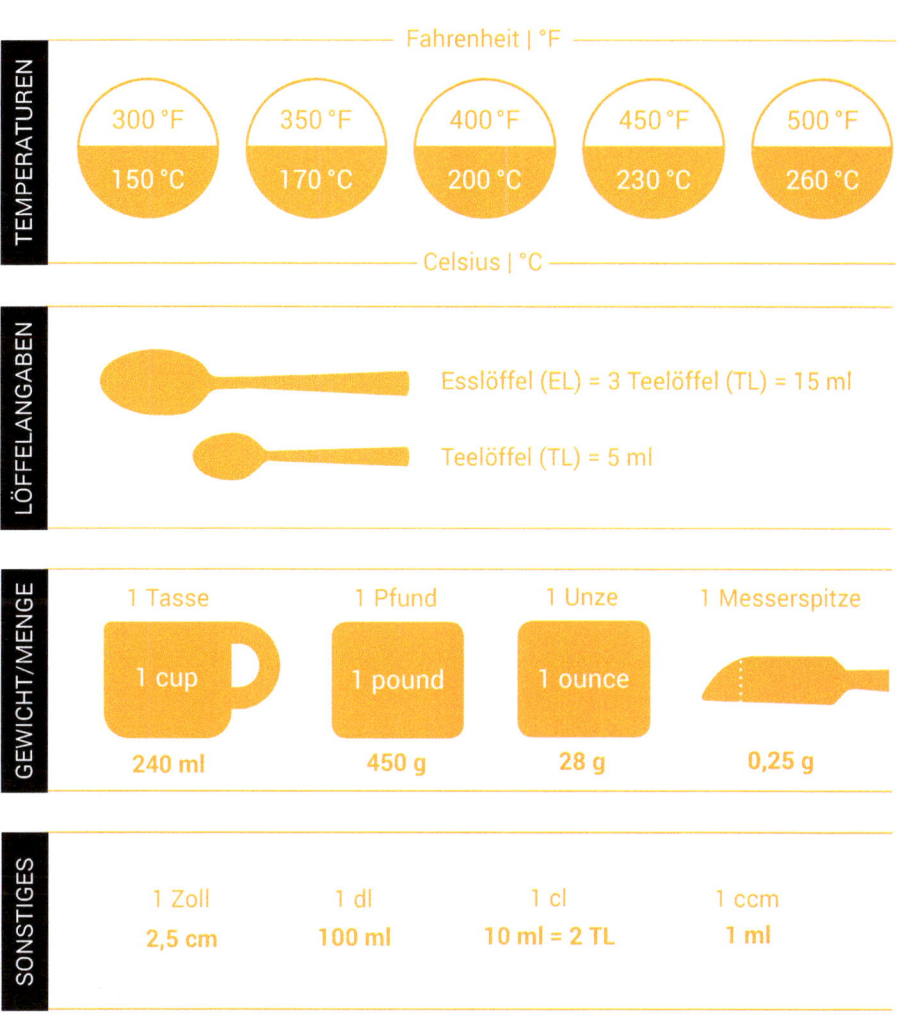

Wie messe ich eine Prise?
Der Duden erklärt eine Prise als „kleine Menge einer pulverigen oder feinkörnigen Substanz, die jemand zwischen zwei oder drei Fingern fassen kann". In der Regel sind Zutaten mit einer Angabe in Prise vom Koch abzuschmecken, da sich das Geschmacksempfinden jeder Person leicht unterscheidet. Eine Prise ist weniger als eine Messerspitze.

NOTIZEN